BEI GRIN MACHT SICH IHR WISSEN BEZAHLT

- Wir veröffentlichen Ihre Hausarbeit, Bachelor- und Masterarbeit

- Ihr eigenes eBook und Buch - weltweit in allen wichtigen Shops

- Verdienen Sie an jedem Verkauf

Jetzt bei www.GRIN.com hochladen und kostenlos publizieren

Bibliografische Information der Deutschen Nationalbibliothek:

Die Deutsche Bibliothek verzeichnet diese Publikation in der Deutschen Nationalbibliografie; detaillierte bibliografische Daten sind im Internet über http://dnb.d-nb.de/ abrufbar.

Dieses Werk sowie alle darin enthaltenen einzelnen Beiträge und Abbildungen sind urheberrechtlich geschützt. Jede Verwertung, die nicht ausdrücklich vom Urheberrechtsschutz zugelassen ist, bedarf der vorherigen Zustimmung des Verlages. Das gilt insbesondere für Vervielfältigungen, Bearbeitungen, Übersetzungen, Mikroverfilmungen, Auswertungen durch Datenbanken und für die Einspeicherung und Verarbeitung in elektronische Systeme. Alle Rechte, auch die des auszugsweisen Nachdrucks, der fotomechanischen Wiedergabe (einschließlich Mikrokopie) sowie der Auswertung durch Datenbanken oder ähnliche Einrichtungen, vorbehalten.

Impressum:

Copyright © 2017 GRIN Verlag, Open Publishing GmbH
Druck und Bindung: Books on Demand GmbH, Norderstedt Germany
ISBN: 9783668425156

Dieses Buch bei GRIN:

http://www.grin.com/de/e-book/356770/konzeption-eines-interviewleitfadens-inhaltlich-strukturierende-qualitative

Jana Berg

Konzeption eines Interviewleitfadens. Inhaltlich strukturierende qualitative Inhaltsanalysen vs. evaluative qualitative Inhaltsanalyse. Reliabilität

GRIN - Your knowledge has value

Der GRIN Verlag publiziert seit 1998 wissenschaftliche Arbeiten von Studenten, Hochschullehrern und anderen Akademikern als eBook und gedrucktes Buch. Die Verlagswebsite www.grin.com ist die ideale Plattform zur Veröffentlichung von Hausarbeiten, Abschlussarbeiten, wissenschaftlichen Aufsätzen, Dissertationen und Fachbüchern.

Besuchen Sie uns im Internet:

http://www.grin.com/

http://www.facebook.com/grincom

http://www.twitter.com/grin_com

Prüfungsform: Einsendeaufgabe

Aufgabe C

Datum der Abgabe im Prüfungssekretariat: 18.11.2016

SRH FernHochschule Riedlingen

Studiengang: Wirtschaftspsychologie (B.Sc.)

Modul: Wissenschaftliches Arbeiten-Vertiefung I

Inhalt

Abkürzungsverzeichnis 3

Anlagenverzeichnis 4

Textteil zu Aufgabe C1 5

1 Ziele und Aufgabenstellung 5

2 Konzeption eines Interviewleitfadens 5

3 Verständnis des zu untersuchenden Konstrukts 5

    3.1. Begriffsklärung und Nutzen 6

    3.2 Konkrete Operationalisierung des Konstrukts Unternehmensreputation 6

5 Methodisches Vorgehen 7

6. Aufbau und Auswahl der Items 8

7. Auswahl der Stakeholder 9

8. Festlegung der Stichprobengröße 10

Textteil zu Aufgabe C2 11

1. Der typische Ablauf einer inhaltlich strukturierenden qualitativen Inhaltsanalyse 11

2. Der typische Ablauf einer evaluativen qualitativen Inhaltsanalyse 12

3. Die inhaltlich strukturierende qualitative Inhaltsanalyse versus die evaluative qualitative Inhaltsanalyse - eine Gegenüberstellung 13

Textteil zu Aufgabe C3 14

1 Einleitung und Begriffsklärung Reliabilität 14

2 Verfahren zur Bestimmung der Reliabilität 15

    2.1 Reliabilitätskoeffizient Rel 15

    2.2. Retest-Reliabilität 16

    2.3 Paralleltest-Reliabilität 16

    2.4 Split-Half-Reliabilität 17

    2.5 Interne Konsistenz 17

        2.5.1 Erläuterung zur internen Konsistenz mit Hilfe von Cronbachs Alpha 18

        2.5.2 Empirische Zusammenhänge zwischen einer vorliegenden Testkonstruktion und der Berechnungsgröße Cronbachs Alpha 18

Anlagen 20

Literaturverzeichnis 26

Internetquellenverzeichnis 28

Abkürzungsverzeichnis

bzw.=beziehungsweise

u.a. = unter anderem

USP = Unique Selling Prosposition

vgl. = vergleich

Anlagenverzeichnis

Anlage 1: Interviewleitfaden

Anlage 2: Dimensionale Analyse „Unternehmensreputation"

C1

Textteil zu Aufgabe C1

1 Ziele und Aufgabenstellung

Die Aufgabenstellung beinhaltet die Konzeption eines Interviewleitfadens zur Ermittlung der Reputation der J. H. GmbH. Ziel ist es, mit Hilfe des Interviewleitfadens, eine repräsentative Befragung der drei wichtigsten Stakeholder des Unternehmens durchführen zu können. Die Befragung wird mit Hilfe eines halbstandardisierten Interviews erfolgen.

2 Konzeption eines Interviewleitfadens

Die Konzeption eines Interviewleitfadens erfordert eine strukturierte Vorgehensweise. Der Leitfaden fungiert als Basis für das darauffolgende halbstandardisierte Interview und beinhaltet den Titel und den Namen des Auftraggebers, einleitende Fragen, den Leitfaden laut der Fragestellung und abschließende Fragen. Der Ablauf eines Interviews lässt sich in verschiedene Phasen gliedern. Diese sind wie folgt:

- Vorbereitungsphase (Planung)
- Kontaktaufnahme mit möglichen Probanden
- Gesprächseinstieg
- Nachgespräch und Verabschiedung
- Dokumentation und Analysephase[1]

3 Verständnis des zu untersuchenden Konstrukts

Eine ausschließliche Definition des Konstrukts „Unternehmensreputation" kann nicht eindeutig identifiziert werden. Die Annäherung an ein einheitliches Verständnis des Konstrukts „Unternehmensreputation" begünstigt jedoch die Konzeption des Interviewleitfadens und letztlich auch ein repräsentatives

---

[1] Vgl. Vgl. Ornau, F./Reinhardt, R.: 2015, S.17

Ergebnis der Untersuchung.

3.1. Begriffsklärung und Nutzen

Reputation entsteht durch die Beurteilung eines Individuums. Diese Beurteilung wird durch das Wissen über ein Unternehmen, den wahrgenommenen Eindrücken und Emotionen gebildet.[2] Die Literatur nennt Reputation und Image stellenweise in einem Kontext, grenzt die Begrifflichkeiten jedoch auch ab. Die Abgrenzung der Konstrukte wird u.a. in der einhergehenden Wertigkeit von Reputation gesehen. Image hingegen könne auch wertneutral eine beschreibende Funktion einnehmen.[3] Der Grad der Reputation soll ein Indikator für den immateriellen Erfolg eines Unternehmens darstellen. Ein hohes Maß an Unternehmensreputation kann als ein strategischer Erfolgsfaktor gewertet werden.[4] Ist die Höhe der Reputation gemessen worden lassen sich folglich Handlungsempfehlungen ableiten.

3.2 Konkrete Operationalisierung des Konstrukts Unternehmensreputation

Zur Konstruktion des Interviewleitfadens ist die konkrete Operationalisierung des Konstrukts Unternehmensreputation maßgeblich. Zur Messung der Reputation der J.H. GmbH wird hierbei das Modell von Schwaiger hinzugezogen. Mit den Dimensionen Verantwortung, Attraktivität, Qualität und Performance und den dazugehörigen Indikatoren soll die Reputation messbar gemacht werden.[5] Die genannten Dimensionen werden wie folgt näher erläutert:

- Dimension „Verantwortung" (Corporate Social Responsibility):
  Das USP der J.H. GmbH soll die „Übernahme der Verantwortung" im gesellschaftlichen Kontext sein. Das Unternehmen möchte ihre Dienstleistungen sozialverträglich anbieten und gleichzeitig wettbewerbsfähig arbeiten. Schwaiger beschreibt diesen Treiber als Akzeptanzmarkt.

---

[2] Vgl. Schwaiger, M.: 2006, S.2-3
[3] Vgl. Fleischer, F.: 2015, S.60-66
[4] Vgl. Schwaiger, M.: 2006, S.2
[5] Vgl. Schwaiger, M: 2004, S. 46-71

- Dimension „Attraktivität":
Die Dimension Attraktivität bezieht Schwaiger auf die Mitarbeiterperspektive.[6] Mitarbeitern in Organisationen werden heute eine zentrale Schlüsselrolle zugewiesen. Der unternehmerische Erfolg geht einher mit der Identifizierung, Gewinnung und Bindung qualifizierter Arbeitnehmer. Motivierte und folglich engagierte Mitarbeiter wirken positiv und kompetent auf Kunden und Lieferanten.[7]

- Dimension „Qualität":
Aus Sicht der Konsumenten bezieht sich diese Dimension auf den Service der J.H. GmbH insgesamt. Die Qualität zeichnet sich u.a. durch einen hohen Standard der Dienstleistungen und ein angemessenes Preis-/Leistungsverhältnis aus. Ein weiterer Indikator von Qualität ist die Verlässlichkeit. Das Gefühl einen verlässlichen Partner an der Seite zu haben vermittelt Menschen Sicherheit.[8]

- Dimension „Performance":
Die Performance wird aus der Finanzmarktperspektive betrachtet. Die wirtschaftliche Stabilität und überschaubare Risiken sind mögliche Indikatoren.[9] Die Untersuchung dieser Dimension soll auch Einschätzungen über Zukunfts- und Wachstumspotentiale aus der Sicht der Stakeholder wiedergeben.

5 Methodisches Vorgehen

Für die Befragung wird das halbstandardisierte Interview gewählt. Die Datenerhebung erfolgt durch ein persönlich geführtes Interview.[10] Diese Form der Informationsgewinnung ermöglicht die Verwendung eines Leitfadens, der ein strukturierteres Vorgehen der Befragung zulässt.[11] Der Interviewleitfaden teilt sich in fünf Abschnitte ein. Beginnend mit der Begrüßung und einer Erläuterung

---

[6] Vgl. Schwaiger, M: 2008, S. 17
[7] Vgl. Denison, K./Enneking, A./Richter, T./Sebald, H.: S.2-4
[8] Vgl. Strack, M.: 2004, Kap. 5, S. 399
[9] Vgl. Schwaiger, M: 2008, S. 17
[10] Vgl. Albers, S./Klapper, D./Wolf, J./Walter, K.A.: 2013, S. 38
[11] Vgl. Krohn, M.: 2014, S. 26

über den Ablauf und der Zielsetzung des Interviews startet der aktive Part. Der Interviewer erfragt alle relevanten und zuvor festgelegten Formalitäten. Dies sind in der Regel u.a. Name, Alter, Ort, Datum, und Geschlecht. Der spezielle Teil beinhaltet die Hauptfragen.[12] Im Gegensatz zum standardisierten Interview bietet sich mehr Flexibilität.[13] An festgelegten Stellen dürfen Zusatzfragen gestellt werden und der Interviewer kann Fragen, z.B. zur besseren Verständlichkeit, umformulieren.[14] Das Interview als Erhebungsinstrument weist auch mögliche Nachteile auf. Eine mögliche Verzerrung oder Beeinflussung durch den Interviewer ist nicht auszuschließen. Zudem ist die gewählte Untersuchungsmethode mit relativ hohen zeitlichen und finanziellen Ressourcen verbunden.[15] Die Gewichtung der Flexibilität wird zur Messung der Reputation der J.H. GmbH jedoch als stärker eingeschätzt. Das Interview erfolgt durch jeweils einen Gesprächspartner.

6. Aufbau und Auswahl der Items

Die einleitenden Fragen beziehen sich auf die individuellen Merkmale der Befragten. Dieses Vorgehen wirkt wie ein Warm-up zwischen den Interviewenden und dem Interviewten.[16] Zudem können möglicherweise Antworttendenzen bestimmten Personengruppen zugeschrieben werden. Für die J.H. GmbH wurde entschieden, dass die Befragung anonymisiert stattfindet. Dies soll eine offene Gesprächsatmosphäre begünstigen. Im Hauptteil folgen Fragen in Anlehnung zur Analyse von Schwaiger. Dabei beziehen sich die Fragen jeweils auf eine der vier Dimensionen. Im Schlussteil können die Gesprächspartner noch Unklarheiten beseitigen oder sich austauschen.[17] Der Leitfaden sieht offene, geschlossene und halboffene Fragen vor. Jede dieser Formen hat Vor- und Nachteile. Durch die begrenzte Auswahl der Antwortmöglichkeiten, ist die Auswertung der geschlossen gestellten Items relativ einfach und eindeutig. Eine Vergleichbarkeit ist dementsprechend gegeben. Nachteilig könnte eben diese beschränkte Antwortmöglichkeit sein. Die Literatur beschreibt die Gefahr von

---

[12] Vgl. Ornau, F./Reinhardt, R.: 2015, S.38
[13] Vgl. Krohn, M.: 2002, S. 26
[14] Vgl. Stangl, W.: (14.09.2016), http://lexikon.stangl.eu/17837/halbstandardisiertes-interview/
[15] Vgl. Orlikowski, B.: 2013, S. 50-51
[16] Vgl. Echterhoff, G./Hussy, W./Schreier, M.: 2013, S.225
[17] Vgl. Ornau, F./Reinhardt, R.: 2015, S.38

Artefakten. Hierbei werden Werte postuliert, die durch eine falsche Fragestellung entstanden sind. Dies kann der Fall sein, wenn keine der vorgegebenen Antwortmöglichkeiten auf den Befragten zutreffen. Die Verwendung von halboffenen Fragen versucht daher die Vorteile der geschlossenen Fragen mit den Vorteilen der offenen Fragen zu kombinieren. Daher werden diese Items auch als Hybrid-Fragen bezeichnet. Findet sich für den Interviewten keine passende Kategorie, ist es möglich außerhalb der vorgegebenen Rahmens zu Antworten. Der Auswertungsaufwand ist jedoch höher als bei den geschlossenen Fragen. Als weitere Nachteile können die eingeschränkte Vergleichbarkeit und die Gefahr der fehlenden Eindeutigkeit der Antworten genannt werden. Der Aufwand der Auswertung von offenen Fragen ist sehr hoch. Jedoch gerade zu Beginn des Interviews gestellt, ergeben sich noch mögliche unbelastete Impulse oder Gedanken, die eventuell zu einem späteren Zeitpunkt des Interviews nicht mehr gegeben sind. Das Datenniveau offen gestellter Fragen ist dementsprechend hoch und kann sich als sehr wertvoll für den Auftraggeber herausstellen.[18] Inhaltlich sind einige Items ähnlich gestellt, um eine gewisse Redundanz zu schaffen. Die Formulierung der Items sollte den Probanden angepasst sein. Mögliche Verständigungsprobleme erhöhen Problematiken bei der Beantwortung der Fragen[19] und letztlich tragen diese zu falschen Handlungsabweichungen bei. Da die Kompetenzen der Stakeholder sehr unterschiedlich eingeschätzt werden wird auf eine allgemeinverständliche Formulierung geachtet, die auf kurzen Sätzen beruht. Im Hauptteil befinden sich insgesamt Die Anzahl der Items im Hauptteil beträgt insgesamt achtundzwanzig. Davon sind acht Items optional.

7. Auswahl der Stakeholder

Unter dem Begriff Stakeholder kann eine Person oder eine Personengruppe verstanden werden, für die ein bestimmtes Unternehmen eine Wertigkeit darstellt.[20] Es kann eine Vielzahl an Stakeholdern geben, die verschiedene Interessen in ihrer Rolle als Stakeholder verfolgen. Hierbei unterscheidet die

---

[18] Vgl. von Lindern, E./ Weinreich, U.: 2008, S. 53-59
[19] Vgl. Brandenburg, T./Thielsch, M.T.: 2012, S.222
[20] Vgl. Wahrig-Burfeind, R.:2004, S.921

Literatur zwischen primären und sekundären Stakeholdern. Die primären Stakeholder haben einen weitreichenden und direkten Einfluss auf den unternehmerischen Erfolg der Organisation. Hierzu zählen interne Stakeholder wie Anteilseigner, Mitarbeiter und Kunden, als auch externe Stakeholder.[21] Die Mitarbeiter und Kunden beeinflussen stark den wirtschaftlichen Erfolg des Unternehmens. Daher gehören Sie zu der Gruppe der Befragten. Die IGN, als auserwählter externer Stakeholder ist maßgeblich an dem positiven Image des Unternehmens beteiligt. Mit diesem Interessenverband ist die Akzeptanz wichtiger Kundenunternehmen der Stahlindustrie verbunden.

8. Festlegung der Stichprobengröße

Die Stichprobengröße bzw. die Stichprobenauswahl ist entscheidend für die gewünschte Repräsentativität einer Befragung. Neben den Aspekten der Zeit- und Kostenintensität, ist es relativ schwierig alle Personen der Zielgruppe zu befragen. Statt einer Vollerhebung bietet sich daher eine Teilerhebung für die anstehende Befragung an.[22] Die Grundgesamtheit der ausgewählten Stakeholder beläuft sich auf insgesamt 747 Personen und weist eine erhöhte Heterogenität auf. Es eignet sich hier eine geschichtete Zufallsstichprobe an, da diese eine Ziehung aus jeder Schicht vorsieht. Jede Stakeholder Gruppe wird durch 28 Befragte repräsentiert, die die Anzahl der Niederlassungen und zugehörigen IGN Geschäftsstellen wiedergeben. Somit erfolgt keine unterschiedliche Gewichtung der Stakeholder. Die Stichprobengröße beträgt insgesamt 84. Die Zufallsauswahl als solche gilt als repräsentativ, wenn sie nicht durch subjektives Eingreifen beeinfluss wird.[23]

---

[21] Vgl. Wadenpohl, F. 2010, S. 12
[22] Vgl. Ornau, F./Reinhardt, R.: 2015, S.67
[23] Vgl. Ornau, F./Reinhardt, R.: 2015, S.69

Textteil zu Aufgabe C2

1. Der typische Ablauf einer inhaltlich strukturierenden qualitativen Inhaltsanalyse

Die inhaltlich strukturierende qualitative Inhaltsanalyse ist neben der evaluativ qualitativen Inhaltsanalyse ein in der Forschungspraxis vielfach angewandtes Verfahren.[24] Bei qualitativen Inhaltsanalysen liegt das Augenmerk primär auf der Kategorienbildung.[25] Die Auswertung erfolgt mit Hilfe eines festgelegten Ablaufplans, der sich jedoch an der interessierenden Forschungsfrage orientiert und anpassen lässt. Zum einen kennzeichnet die qualitative Inhaltsanalyse somit eine systematische Vorgehensweise, die durch festgelegte Regeln die Einhaltung der Kriterien wissenschaftlichen Arbeitens begünstigt. Zugleich ist ein Grad der Flexibilität gegeben, der die Methode auf andere Forschungsarbeiten übertragbar macht.[26] Die Analyse lässt sich in verschiedene Phasen gliedern. Bevor die erste Phase mit einer vorläufigen Fallzusammenfassung schließt,[27] sollte das konkrete Ziel noch einmal fokussiert werden. Hier können Fragestellungen zum Untersuchungsziel und Inhalt bis hin zu bisherigen Vermutungen ins Gedächtnis gerufen werden, um dann mit dem eigentlichen ersten Schritt, der initiierenden Textarbeit zu beginnen.[28] Nachdem der Text durchgelesen und relevante Textpassagen gekennzeichnet sind, gibt es die Möglichkeit Randnotizen elektronisch einzufügen bzw. handschriftlich an vorgegebener Stelle zu notieren. In Phase 2 werden Hauptkategorien festgelegt. Die Hauptthemen ergeben sich überwiegend aus den definierten Forschungsfragen. Zudem entstehen eventuell weitere Themen durch die Bearbeitung relevanten Textmaterials. Eine Teilanalyse der Daten, die zwischen 10 bis 25% des gesammelten Textmaterials darstellen sollte, ermittelt den Grad der Anwendbarkeit der Kategorien. Im nächsten Schritt findet der erste Codierungsprozess statt. Systematisch wird der Text durchgearbeitet bis jedem Abschnitt eine Kategorie zugeordnet wurde. Dabei können auch Teile des Textes

---

[24] Vgl. Ornau, F.: 2014, S.33
[25] Vgl. Ornau, F.: 2014, S.35
[26] Vgl. Von Sturm, H.: 2008 S.76
[27] Vgl. Ornau, F.: 2014, S.36
[28] Vgl. Ornau, F.: 2014, S.24

uncodiert bleiben oder mehrfach codiert werden. Die codierten Textpassagen mit selbiger Zuteilung der Hauptkategorie werden zusammengetragen um sie in Phase fünf auszudifferenzieren und Unterkategorien zu bestimmen.[29] Die zuvor beschriebenen Phasen weisen somit eine deduktive Vorgehensweise auf. In der Literatur lassen sich hier verschiedene Umsetzungsstrategien und Vorgehensweisen finden. Statt einer deduktiven Vorgehensweise ist die Kategorienbildung auch induktiv möglich. Diese Unterschiede sind jedoch nicht fundamental, als dass es sich um ein anderes oder gegensätzliches Verfahren handeln würde.[30] Im nächsten Schritt erfolgt eine erneute Codierung. Die Hauptkategorien werden mit den passenden Unterkategorien codiert. An dieser Stelle wird eventuell eine weitere Ausdifferenzierung der Kategorien nötig. Um die Auswertung zu vereinfachen ist möglicherweise eine Fallzusammenfassung zu erstellen. Die Auswertung selbst kann verschiedene Formen annehmen.[31]

2. Der typische Ablauf einer evaluativen qualitativen Inhaltsanalyse

Der Ablauf der evaluativen qualitativen Inhaltsanalyse ist ähnlich der inhaltlich strukturierten qualitativen Inhaltsanalyse.[32] Die erste Phase beschäftigt sich mit der Kategorienbestimmung. Zwischen Kategorie und Forschungsfrage muss ein plausibler und logischer Zusammenhang bestehen. Die Relevanz der Bewertungskategorien ist im Vorfeld abzuklären. Nach durcharbeiten des Textmaterials findet die Codierung statt, um sie dann in der dritten Phase tabellarisch schriftlich zu fixieren. Diese Auswertung dient als Grundlage für die Folgeschritte. In der nächsten Phase geht es um die Formulierung der Ausprägungen. Die Bewertungskategorien sollten zwischen drei bis fünf verschiedene Ausprägungsgrade enthalten. Dabei sind die Ausprägungen hoch, niedrig und keine Klassifikation, als Mindestdifferenzierungsgrade zu bezeichnen. Die geeignete Anzahl der Ausprägungen ist nicht eindeutig zu identifizieren. Drei Ausprägungen sind möglicherweise jedoch nicht immer ausreichend, um entscheidende Zusammenhänge zu identifizieren und eine

---

[29] Vgl. Ornau, F.:2014, S.36 - 38
[30] Vgl. Schreier, M.: 2014, S. 5
[31] Vgl. Ornau, F.: 2014, S.44-44
[32] Vgl. Schreier, M.: 2014, S. 6

gewünschte Differenziertheit zu schaffen. Im nächsten Schritt findet die Bewertung und Codierung der Kategorien im Gesamten statt. Ist die Einstufung der Ausprägung nicht eindeutig, wird der Entscheidungsgrund für die jeweilige Ausprägung notiert. Möglicherweise kann es sinnig sein eine präzisere Beschreibung der Ausprägungen vorzunehmen, wodurch ein weiteres Bewerten und Codieren dementsprechend zu prüfen ist. In Phase sieben kann zischen der Deskriptiven- und der Verbal-interpretativen Auswertung einzelner Kategorien unterschieden werden. Die erst genannte Auswertungsform schafft einen ersten Überblick der einzelnen Kategorien, die in Tabellenform absolute und relative Häufigkeiten darstellt, in Form einer Graphik oder tabellarisch. Die Verbal-interpretative Auswertung setzt primär den Fokus auf ersten den interpretativen Überblick. In Phase sieben finden sich weitere Auswertungsformen, die spezifischer in die Analyse gehen. Zur näheren Fallinterpretation können Kreuztabellen zum Einsatz kommen, die Zusammenhänge zwischen evaluativen Kategorien darstellen oder soziodemographische Merkmale mit einbeziehen. Letztlich kann auch bei der evaluativen qualitativen Inhaltsanalyse eine Einzelfallinterpretation zur Vertiefung beitragen.[33]

3. Die inhaltlich strukturierende qualitative Inhaltsanalyse versus die evaluative qualitative Inhaltsanalyse - eine Gegenüberstellung

Sowohl bei der inhaltlich strukturierenden qualitativen Inhaltsanalyse als auch der evaluativ qualitativen Inhaltsanalyse kommt ein Codierleitfaden zum Einsatz.[34] Die Vorgehensweise ist bei beiden Verfahren ähnlich. Eine weitere Gemeinsamkeit liegt in der Bildung der Oberkategorien, die sich an den Forschungsfragen und dem Textmaterial orientieren und abgeleitet werden. Die inhaltlich strukturierende qualitative Inhaltsanalyse konzentriert sich stärker auf die Entwicklung der Unterkategorien und Ausprägungen mittels des

---

[33] Vgl.: Ornau, F.: 2014, S.48-59
[34] Vgl. Lenz. K.: (02.11.2016), https://tu dresden.de/gsw/phil/iso/mes/ressourcen/dateien/prof/lehre/unterlagen_ringvorlesung/es_6.pdf?lang=de

Textmaterials.[35]

Den jeweiligen Textpassagen wird eine höhere Bedeutung somit zugesprochen als einer ganzheitlichen Betrachtungsweise, die die Codierung anspruchsvoller wirken lässt.[36] Unterkategorien entstehen bei der evaluativen qualitativen Analyse aus Vorwissen und die Anzahl ist im Verhältnis kleiner.[37] Der Ansatz ist insgesamt theorieorientierter und weniger beschreibend als bei der inhaltlich strukturierten qualitativen Inhaltsanalyse. Beide Verfahren können im Rahmen einer Forschungsfrage kombiniert werden, da sie kompatibel und ergänzend einsetzbar sind.[38]

Textteil zu Aufgabe C3

1 Einleitung und Begriffsklärung Reliabilität

Forschung orientiert sich an festgelegten Standards um den Anspruch der Wissenschaftlichkeit zu erfüllen. Hierzu können Gütekriterien genannt werden, die eine wissenschaftliche Akzeptanz begünstigen. Die Reliabilität gilt als ein zentrales Qualitätskriterium für Testverfahren.[39] Sie soll den Grad der Genauigkeit wiederspiegeln, mit der ein Test besondere Merkmale misst. Dabei ist es nicht relevant, ob der Test das jeweilige Merkmal tatsächlich zu messen beansprucht.[40] Zielt das Augenmerk jedoch genau auf dieses, d.h. dass das Testverfahren auch das Merkmal misst, was es messen soll, interessiert uns die Validität. Die Validität ist ein weiteres Gütekriterium für Datenerhebungen und setzt ebenso wie die Reliabilität die Objektivität voraus. Somit bestehen Zusammenhänge zwischen den sogenannten Hauptkriterien und einer wissenschaftlichen Repräsentativität von Tests. Ein hoher Grad der Reliabilität bedeutet jedoch nicht gleichsam auch eine hohe Validität.[41] Um das gewählte Messinstrument bewerten zu können ist die Testung auf Reproduzierbarkeit

---

[35] Vgl. Schreier, M.: 2014, S.6
[36] Vgl. Ornau, F.: 2015, S. 59
[37] Vgl. Schreier, M.: 2014, S. 6
[38] Vgl. Ornau, F.: 2015, S. 59
[39] Vgl. Holling, H/Schmitz, B.:2010, S. 71
[40] Vgl. Knoke, M./Merk, J.: 2015, S.15
[41] Vgl. Zimbardo, P.G.: 1992, S.17

wichtig. So können Zufallsergebnisse ausgeschlossen werden mit dem Ziel bei Outcome-Messungen identische Ergebnisse zu erhalten.[42] Testverfahren und Experimente haben daher auch den Anspruch auf Replizierbarkeit. Dies bedeutet, dass unter den gleichen Versuchsbedingungen identische bzw. sehr ähnliche Ergebnisse das Optimum einer Testung darstellen. Diese Prinzipien tragen zur Glaubwürdigkeit wissenschaftlicher Testverfahren erheblich bei und begünstigen, dass zufällige Befunde nicht an Allgemeingültigkeit gewinnen.[43] Eine vollkommene Reliabilität eines Testverfahrens ist dann vorhanden, wenn zufällige Messfehler auszuschließen sind. Der Grad der Genauigkeit ist mit Hilfe des Reliabilitätskoeffizienten bestimmbar.[44]

2 Verfahren zur Bestimmung der Reliabilität

Aus den Grundannahmen der klassischen Testtheorie lassen sich nachvollziehbare Aussagen über die Messgenauigkeit von Tests ableiten. Nachstehend werden einige wichtige Verfahren aufgeführt und die Vorgehensweise erläutert.

2.1 Reliabilitätskoeffizient Rel

Wie schon zuvor erwähnt dient der Reliabilitätskoeffizient als Messgröße, die über die Replizierbarkeit von Testverfahren entscheidet bzw. zur Entscheidungshilfe primär hinzugezogen wird. Die Annahme der klassischen Testtheorie besagt, dass es möglich sei, eine Messung nach Belieben zu wiederholen. Dabei setzt sich die beobachtbare Varianz aus der tatsächlich und somit wahren Varianz und der Fehlervarianz zusammen.[45] Der Reliabilitätskoeffizient kann zwischen dem Wert Null und Eins liegen. Ist bei der Testdurchführung kein Messfehler aufgetreten wird der Reliabilitätskoeffizient einen Wert von Eins annehmen. Bei vollkommener Reliabilität zeigt die Wiederholung unter gleichen Bedingungen ein gleichbleibendes Ergebnis. Der

---

[42] Vgl. Bhandari, M./Hanson, B./Stengel, D.:2010, S. 62
[43] Vgl. Stangl, W.: (20.10.2016), http://lexikon.stangl.eu/15774/replizierbarkeit/
[44] Vgl. Ornau, F.:2015, S. 31
[45] Vgl. Schmid, H.: (20.10.2016),
http://home.page.ch/pub/hsch@vtx.ch/TT_BUCH3_9Zusammenfassung.pdf

Wert Null hingegen verweist darauf, dass das Ergebnis ausnahmslos durch Messfehler entstanden ist. Ein Reliabilitätskoeffizient größer als 0.7gilt als positiv in Hinblick auf die Akzeptanz des Tests in der Praxis..[46]

2.2. Retest-Reliabilität

Die Retest-Reliabilität umfasst die Wiederholung der Testung. Nach der Auswertung der Ergebnisse interessiert die Korrelation der Variablen. Dabei ist es wichtig, dass es sich um den identischen Test handelt und auf die Probanden der ersten Messung zurückgegriffen wird. Zudem spielt die Stabilität der Merkmale eine zentrale Rolle in Hinblick auf die Ergebnisse.[47] Der Zeitintervall zwischen der ersten Messung und der Wiederholung hängt u.a. davon ab, ob das Merkmal stabil oder stark variierend ist. Es sollen Erinnerungseffekte vermieden werden, was für eine Wiederholung nach einem längeren Zeitraum spricht. Auf der anderen Seite ist es ungünstig, wenn sich das Merkmal verändert. Somit ist die Entscheidung nach einem günstigen Zeitpunkt für die Wiederholung stark Testabhängig. Es ist festzuhalten, dass längere Zeitabstände die Tendenz aufweisen die Werte zu verringern. Sehr stabile Merkmale können jedoch dem entgegenwirken. Die Ableitung des Reliabilitätskoeffizienten erfolgt erneut durch die Korrelation der Testwertevariablen der Tests.[48]

2.3 Paralleltest-Reliabilität

Auch bei der Paralleltest-Reliabilität erfolgt eine erneute Testung zu einem bestimmten Zeitpunkt. Die Tests erfolgen entweder direkt nacheinander oder nach einem längeren Zeitintervall.[49] Die Items sind inhaltsgleich jedoch nicht identisch. Somit können Erinnerungseffekte tendenziell ausgeschlossen werden. Der Aufwand ist im Gegensatz zur Retest-Methode relativ hoch, da die Items in doppelter Anzahl vorhanden sein müssen.[50] Es liegt eine gute Schätzung der

---

[46] Vgl. Ornau, F.:2015, S. 31
[47] Vgl. Amelang, M./Schmidt-Atzert, L.:2012, S.137
[48] Vgl. Ornau, F.:2015 S. 61-62
[49] Vgl. Amelang, M./Bartussek, D./Hagemann, D./Stemmler, G.:2006, S.120
[50] Vgl. Ornau, F.:2015 S.63

Reliabilität vor, wenn die Parallelität der Items bzw. Testung insgesamt gegeben ist.[51]

2.4 Split-Half-Reliabilität

Die Split-Half-Methode kommt ohne eine wiederholte Testung aus. Die zu interessierende Ableitung resultiert aus der Korrelation der gesplitteten Wertevariablen. Voraussetzung zur Schätzung der Reliabilität ist hierbei eine hohe Anzahl von Items. Der Test wird in zwei Teile gesplittet. Dabei gibt es unterschiedliche Teilungsmöglichkeiten. Es kann eine Teilung der Items mit gerader Nummer von den Items mit ungerader Nummer erfolgen. Sollten die Items einen unterschiedlichen Schwierigkeitsgrad aufweisen ist die Methode vorteilhaft. Es lässt eine Steigerung der leichten Fragen bis hin zu schwierigeren Fragen zu. Liegt kein unterschiedlicher Schwierigkeitsgrad vor, kann sich eine Einteilung in die erste bzw. zweite Hälfte anbieten. Weiter ist die Bildung von Itempaare möglich. Hier erfolgt für jedes Item die Ermittlung einer Kennzahl nach Schwierigkeit und Trennschärfe um dann passende Paare zu bilden. Nach dem Zufallsprinzip werden die wieder getrennten Items der jeweiligen Paare den Testhälften zugeschrieben. Ist die Bearbeitungszeit von Interesse, kann nach der Festlegung der zuvor erwähnten Methoden, der Test halbiert werden. Die Probanden bearbeiten die Testhälften nacheinander. Der maximale Zeitrahmen der Testbearbeitung jeder Hälfte ist auf die halbe Bearbeitungszeit des gesamten Tests beschränkt. Da die Anzahl der Items einen großen Effekt auf die Reliabilität des Tests hat, ist eine Unterschätzung der Methode, die die geteilte Testlänge berücksichtigt, wahrscheinlich. Mit der Spearman-Brown-Prophecy-Formel kann dieser Effekt wieder korrigiert werden.[52]

2.5 Interne Konsistenz

Mit der Berechnung der internen Konsistenz kann eine beständigere Reliabilitätsschätzung erreicht werden. Interne Konsistenzschätzungen sind eine Erweiterung der Testhalbierungsmethode. Der Grundgedanke ist, dass sich

---

[51] Vgl. Amelang, M./Bartussek, D./Hagemann, D./Stemmler, G.:2006, S.120
[52] Vgl. Ornau, F.:2015, S.64, 65

Tests nicht ausschließlich in zwei Hälften teilen lassen, sondern in die Anzahl der festgelegten Items eines Tests. Jedes Item wird somit zum Paralleltext.[53] Es interessiert die Höhe der Korrelation zwischen dem einzelnen Item und dem Gesamtwert. Der Konsistenzkoeffizient beschreibt den Grad der Homogenität und ist zudem das am häufigsten genutzte Maß zur Berechnung der Reliabilität.[54]

2.5.1 Erläuterung zur internen Konsistenz mit Hilfe von Cronbachs Alpha

Cronbachs Alpha ist das bekannteste Maß zur Berechnung der internen Konsistenz und ist auf dichotome und polytome Items anwendbar. Der Alpha-Koeffizient lässt sich aus der durchschnittlichen Korrelation aller zu zusammengestellten Itempaare und der Gesamtanzahl der Items berechnen, mit dem Ziel die wahre Varianz widerzuspiegeln.[55]

2.5.2 Empirische Zusammenhänge zwischen einer vorliegenden Testkonstruktion und der Berechnungsgröße Cronbachs Alpha

Je höher die Items einer Gruppe korrelieren und je mehr Items insgesamt in einem Test vorhanden sind, desto höher fällt Alpha aus. Daraus kann allerdings nicht abgeleitet werden, dass die Höhe von Alpha auch automatisch für eine hohe Homogenität spricht. Auch andere Faktoren stehen hier in Abhängigkeit. Ein Test bestehend aus einer Vielzahl von niedrig korrelierende Items kann hohe Alpha aufweisen. Zudem weisen Kurztexte mit einem hohen Alpha auf das Vorhandensein reichlicher Items hin. Diese werden in ähnlicher Weise mehrfach aufgeführt. Alpha ist nicht immer das geeignete Maß zur Schätzung der Reliabilität. Tests, bei denen Fehler sehr gering vorkommen, kann die Interpretation des hohen Alphas irreführendsein und an Aussagekraft erheblich verlieren. Auch kann Alpha bei heterogenen Stichproben höher ausfallen. Die Bewertung der Reliabilität ist abhängig von der Art der Bestimmung. Eine hohe Reliabilität, also ein Wert über 0,9, sollte bei Test anvisiert werden, bei denen die

---

[53] Vgl. Bortz, J./Döring, N.:2006, S.198
[54] Vgl. Franke, G. (07.11.2016) S. 7 http://www.franke-stendal.de/WS0809/Bachelor/Testtheorie/4-2-5-Vertiefung-%20Reliabilitaet.pdf
[55] Vgl. Ornau, F.:2015, S.66

Merkmalsausprägungen instabil sind. Jeder Test hat den Anspruch einer hohen internen Konsistenz und sollte von Objektivität geprägt sein.[56]

---

[56] Vgl. Ornau, F.:2015, S.67

Anlagen

Interviewleitfaden

Titel: Interview zur Messung der Unternehmensreputation

Auftraggeber: J. H. GmbH

Begrüßung und Einleitung

Ich bedanke mich bei Ihnen herzlich, dass Sie sich Zeit für dieses Interview nehmen.

Zuvor möchte ich Ihnen kurz darstellen, worum es in unserem heutigen Gespräch geht. Im Auftrag der J. H. GmbH möchten wir den Grad der Unternehmensreputation in Erfahrung bringen. D.h. wie Sie und die anderen Stakeholder des Unternehmens die J. H. GmbH in verschiedenen Punkten sehen und einschätzen. Anhand der von Ihnen gegeben Antworten ist es uns dann möglich entsprechende Handlungsmaßnahmen einzuleiten. Sie geben dem Unternehmen somit aktiv die Chance sich zu entwickeln.

Während des Interviews werde ich Ihnen verschiedene Fragen stellen. Überwiegend handelt es sich dabei um offene Fragen und ich bitte Sie mir einfach alles für Sie relevante zu erzählen. Dabei erfolgt keinerlei Wertung der von Ihnen gegebenen Antworten. Ich denke unser Gespräch wird etwa 45 Minuten beanspruchen. Somit können wir uns genügend Zeit für das Interview nehmen.

Damit ich mich völlig auf unser Gespräch konzentrieren kann nehme ich das Interview auf Band auf. Unser Gespräch bleibt absolut vertraulich, wie auch die von Ihnen gegebenen Antworten. Nachdem wir die alle Interviews ausgewertet haben bekommen Sie als Teilnehmer auch die Ergebnisse zugesendet. Bevor wir nun das Interview beginnen, bitte ich Sie die Einverständniserklärung zu unterzeichnen. Damit erlauben Sie uns Ihre Antworten in unsere Untersuchung einzubeziehen, die selbstverständlich anonymisiert behandelt werden.

Formaler Teil (Einleitende Fragen)

Name:	
Vorname:	
Geschlecht:	
Jahrgang:	
Beginn:	
Ende:	
Mitarbeiter/-in:	
JA	☐
Wenn ja seit wann?	
In welcher Position aktuell?	
Kundenunternehmen:	
Ja	☐
Wenn ja seit wann?	
In welcher Position aktuell?	
IGM:	
Ja	☐
Wenn ja seit wann?	
In welcher Position aktuell?	

Spezieller Teil

1.) Dimension Verantwortung
   a. Faires Wettbewerbsverhältnis
      i. Wie schätzen Sie die Wettbewerbssituation der J. H. GmbH zu anderen Unternehmen ein?
   b. Nicht nur an Profit denken
      i. Auf einer Skala von eins bis zehn, wie hoch ist der Fokus von J. H. auf Profit ausgelegt. Wobei eins als niedriger Fokus und zehn als ein stark ausgeprägter Fokus auf Profit zu verstehen ist.
   c. Gesellschaftliche Verantwortung
      i. Wie engagiert ist das Unternehmen Ihrer Meinung hinsichtlich einer gesellschaftlichen Verantwortung. Führen Sie bitte Ihre Antwort näher aus.
      ii. Halten Sie gesellschaftliches Engagement und verantwortungsvolles Handeln von Unternehmen für wichtig? Bitte begründen Sie kurz Ihre Meinung.
   d. Engagement für die Umwelt
      i. Haben Sie Kenntnis über Engagement für die Umwelt?
      ii. Wie geht J.H. mit dem Thema Nachhaltigkeit um?
   e. Aufrichtige Informationen

    i. Wie schätzen Sie die Kommunikationsmentalität des Unternehmens ein?

2.) Dimension Attraktivität

a. Hoch qualifizierte Mitarbeiter
    i. Für wie kompetent halten Sie die Mitarbeiter der J.H. GmbH insgesamt?
    ii. Sehen Sie Handlungsbedarf bezüglich der fachlichen Kompetenz einiger Mitarbeiter? Wenn ja, führen Sie bitte Ihre Antwort weiter aus.

b. Als Arbeitgeber vorstellbar
    i. Schätzen Sie J. H. als eine gute Arbeitgeberin ein, für die Sie gerne arbeiten bzw. arbeiten würden? Bitte begründen Sie Ihre Antwort.

c. Erscheinungsbild gefällt
    i. Verfügt J. H. über ein attraktives Erscheinungsbild?
    ii. Sehen Sie hinsichtlich des Erscheinungsbilds noch Potential und wenn ja was wäre Ihr Vorschlag dazu?

3.) Dimension Qualität

a. Hohe Qualität (Produkt/) Service.
    i. Auf einer Skala von eins bis zehn, für wie hoch halten Sie die Servicequalität? Eins bedeutet eine sehr niedrige Qualität und zehn eine sehr hohe Qualität.
    ii. Gibt es Bereiche, in denen der Service verbessert werden könnte? Führen Sie Ihre Antwort bitte näher aus.

b. Preis-/Leistungsverhältnis angemessen.
    i. Halten Sie das Preis-/Leistungsangebot insgesamt für angemessen?

c. Gutes Serviceangebot
    i. Wie bewerten Sie die Vielfalt der Serviceangebote?

d. Kundenwunsch im Fokus
    i. Beschreiben Sie bitte welchen Stellenwert der Kundenwunsch für das Unternehmen einnimmt.

e. Verlässlicher Partner
  i. Würden Sie J.H. als einen verlässlichen Partner beschreiben?
  ii. Können Sie Bespiele nennen, die für oder gegen ihre Verlässlichkeit sprechen? Führen Sie Ihre Antwort bitte näher aus.
f. Vertrauenswürdiges Unternehmen
  i. Wie schätzen Sie die Vertrauenswürdigkeit des Unternehmens ein?
g. Respekt vor Leistungen
  i. Wissen Sie ob das Unternehmen die erbrachten Leistungen der Mitarbeiter würdigt?
h. Eher Vorreiter als Mitläufer
  i. Würden Sie die J.H. GmbH als ein innovatives Unternehmen beschreiben?

4.) Dimension Performance
a. Sehr gut geführt
  i. Wo sehen Sie das Unternehmen hinsichtlich Ihrer Führungskultur bzw. Führungskompetenz?
  ii. Wird das Unternehmen zukunftsorientiert geführt?
b. Wirtschaftlich stabil
  i. Ist Ihrer Meinung nach wirtschaftliche Stabilität gegeben?
c. Überschaubare Risiken
  i. Welche Risiken sehen Sie, die Herausforderungen für das Unternehmen darstellen könnten?
  ii. Halten Sie die Risiken für überschaubar?
d. Wachstumspotenzial
  i. Wie schätzen Sie das Wachstumspotential für das Unternehmen ein und warum?
e. Klare Zukunftsvorstellung
  i. Welche Visionen sehen Sie für das Internehmen?

Schluss

Wir sind nun alle Fragen durchgegangen. Gibt es von Ihrer Seite noch Fragen oder Aspekte, die Ihnen wichtig wären?

Vielen Dank für das Interview!

Einverständniserklärung

Ich, ..., erkläre mich damit einverstanden, dass das mit mir am..................... von Frau H. geführte Interview auf Tonband aufgenommen werden darf. Ich stimme der anschließenden Niederschrift zu und den damit verbundenen Forschungszwecken.

Mir wurde zugesichert, dass alle persönlichen Daten, die Rückschlüsse auf meine Person zulassen vertraulich behandelt werden.

_____

Ort, Datum   Unterschrift

Anlage 2: Dimensionale Analyse „Unternehmensreputation"

Dimensionen	Indikatoren
Verantwortung	Faires Wettbewerbsverhältnis
	Nicht nur an Profit denken
	Gesellschaftliche Verantwortung
	Engagement für die Umwelt
	Aufrichtige Information
Attraktivität	Hoch qualifizierte Mitarbeiter
	Als Arbeitgeber vorstellbar
	Erscheinungsbild gefällt
Qualität	Hohe Qualität Produkt/Service
	Preis-/Leistungsverhältnis angemessen
	Gutes Serviceangebot
	Kundenwunsch im Fokus
	Verlässlicher Partner
	Vertrauenswürdiges Unternehmen
	Respekt vor Leistung
	Eher Vorreiter als Mitläufer
Performance	Sehr gut geführt
	Wirtschaftlich stabil
	Überschaubare Risiken
	Wachstumspotential
	Klare Zukunftsvorstellung

Tab. 1: Dimensionale Analyse „Unternehmensreputation"
(Quelle: Vgl. Schwaiger, M.: 2004, S. 46-71.)

Literaturverzeichnis

Albers, S./Klapper, D./Wolf, J./Walter, K.A.: Methodik der empirischen Forschung. Wiesbaden 2013.

Amelang, M./Schmidt-Atzert, L: Psychologische Diagnostik, 5. Auflage. Berlin Heidelberg 2012.

Amelang, M./Bartussek, D./Hagemann, D./Stemmler, G: Differentielle Psychologie und Persönlichkeitsforschung, 6. Auflage. Stuttgart 2006.

Bhandari, M./Hanson, B., Stengel, D: Statistik und Aufbereitung klinischer Daten. Stuttgart 2010.

Bortz, J./Döring, N.: Forschungsmethoden und Evaluation: für Human- und Sozialwissenschaftler, 3. Auflage, Berlin 2006.

Brandenburg, T./Thielsch, M.T.: Praxis der Wirtschaftspsychologie II. Münster 2012.

Denison, K./Enneking, A./Richter, T./Sebald, H.: Was Mitarbeiter bewegt zum Unternehmenserfolg beizutragen – Mythos und Realität. Frankfurt 2007.

Echterhoff, G./Hussy, W./Schreier, M.: Forschungsmethoden in Psychologie und Sozialwissenschaften. Heidelberg 2013.

Fleischer, F.: Reputation und Wahrnehmung: Wie Unternehmensreputation entsteht und wie sie sich beeinflussen lässt. Wiesbaden 2015.

Holling, H./Schmitz, B: Handbuch der Psychologie: Handbuch Statistik, Methoden und Evaluation. Göttingen 2010.

Knoke, M./Merk, J.: Wissenschaftliches Arbeiten SRH Riedlingen, 2. Auflage. Riedlingen 2015.

Krohn, M.: Personaleinsatz bei stationären intermittierenden Dialysen: Eine Studie an der Universitätsmedizin Greifswald. 2014.

Krohn, J./Westermann, R.: Handbuch der Psychologie: Handbuch Statistik, Methoden und Evaluation. Göttingen 2010.

Orlikowski, B.: Management virtueller Teams: Der Einfluss der Führung auf den Erfolg. Kiel 2002.

Schwaiger, M.: Components and Parameters of Corporate Reputation – an Emiricial Study: Schmalenbach Business Review. Vol. 56 2004.

Ornau, F./Reinhardt, R.: Interviewtechnik SRH Riedlingen. 2. Auflage. Riedlingen 2015.

Ornau, F.: Inhaltsanalyse SRH Riedlingen. 1. Auflage. Riedlingen 2014.

Ornau, F/ Reinhardt, R.: Grundlagen der empirischen Sozialforschung, 2. Auflage. Riedlingen 2015.

Schwaiger, M.: Reputationsmanagement. Immaterielle Firmenwerte schaffen, sichern und messen. München 2008.

Schwaiger, M.: Die Wirkung des Kultursponsorings auf die Unternehmensreputation der Sponsoren. Heft 01. München 2006.

Von Sturm, H.: Der Einführungsprozess materieller Mitarbeiterbeteiligungsmodelle. Eine qualitative Inhaltsanalyse von drei Fallstudien. Mering 2008

Von Lindern, E./Weinreich, U.: Praxisbuch Kundenbefragungen: – Repräsentative Stichproben auswählen – Relevante Fragen stellen – Ergebnisse richtig interpretieren, 1. Auflage. München 2008

Wadenpohl, F.: Stakeholder-Management bei grossen Verkehrsinfrastrukturprojekten. Zürich 2010.

Wahrig-Burfeind, R: Fremdwörterlexikon. 5. Auflage, München 2004.

Zimbardo, P. G.: Psychologie. 5. Auflage. Augsburg 1992

Internetquellenverzeichnis

Franke, G. URL: 4.2 Grundlagen der Testtheorie. Kapital 5 – Vertiefung: Reliabilität. (2009)http://www.franke-stendal.de/WS0809/Bachelor/Testtheorie/4-2-5-Vertiefung-%20Reliabilitaet.pdf (07.11.2016).

Schmidt,H.:URL:http://home.page.ch/pub/hsch@vtx.ch/TT_BUCH3_9Zusammenfassung.pdf (08.10.2016).

Lenz. K.: Methoden der empirischen Sozialforschung III. Komplex: Qualitative Forschungsmethoden.2007. URL: https://tu-dresden.de/gsw/phil/iso/mes/ressourcen/dateien/prof/lehre/unterlagen_ringvorlesung/es_6.pdf?lang=de (02.11.2016).

Stangl, W.: halbstandardisiertes Interview. Lexikon für Psychologie und Pädagogik.
URL: http://lexikon.stangl.eu/17837/halbstandardisiertes-interview/ (14.09.2016)

Stangl, W.: Replizierbarkeit. Lexikon für Psychologie und Pädagogik.
URL: http://lexikon.stangl.eu/15774/replizierbarkeit (20.10.2016)

Schreier, M.: Varianten qualitativer Inhaltsanalyse: Ein Wegweiser im Dickicht der Begrifflichkeiten (2014). URL: http://www.qualitative-research.net/index.php/fqs/article/viewFile/2043/3636

BEI GRIN MACHT SICH IHR WISSEN BEZAHLT

- Wir veröffentlichen Ihre Hausarbeit, Bachelor- und Masterarbeit

- Ihr eigenes eBook und Buch - weltweit in allen wichtigen Shops

- Verdienen Sie an jedem Verkauf

Jetzt bei www.GRIN.com hochladen und kostenlos publizieren